BEI GRIN MACHT SICH IHR WISSEN BEZAHLT

Kathrin Kadasch

Karl Philipp Moritz - Götterlehre oder mythologische Dichtungen der Alten

GRIN Verlag

Bibliografische Information der Deutschen Nationalbibliothek:

Die Deutsche Bibliothek verzeichnet diese Publikation in der Deutschen National-
bibliografie; detaillierte bibliografische Daten sind im Internet über http://dnb.d-
nb.de/ abrufbar.

Impressum:

Copyright © 2004 GRIN Verlag GmbH
Druck und Bindung: Books on Demand GmbH, Norderstedt Germany
ISBN: 978-3-638-66065-5

Dieses Buch bei GRIN:

http://www.grin.com/de/e-book/49900/karl-philipp-moritz-goetterlehre-oder-
mythologische-dichtungen-der-alten

GRIN - Your knowledge has value

Der GRIN Verlag publiziert seit 1998 wissenschaftliche Arbeiten von Studenten, Hochschullehrern und anderen Akademikern als eBook und gedrucktes Buch. Die Verlagswebsite www.grin.com ist die ideale Plattform zur Veröffentlichung von Hausarbeiten, Abschlussarbeiten, wissenschaftlichen Aufsätzen, Dissertationen und Fachbüchern.

Besuchen Sie uns im Internet:

http://www.grin.com/

http://www.facebook.com/grincom

http://www.twitter.com/grin_com

Karl Philipp Moritz

Götterlehre oder Mythologische Dichtungen der Alten

Hausarbeit zum Hauptseminar

Götterlehre oder Mythologische Dichtungen der Alten

Institut für Deutsche Philologie und
vergleichende Literaturwissenschaften
Technische Universität Berlin

1. Einleitung

Karl Philipp Moritz ist eine ambivalente Persönlichkeit des ausgehenden 18. Jahrhunderts, die charakteristische und widersprüchliche Zeitströmungen und Tendenzen aufgenommen und in sich vereint hat.[1] In seinen Werken nimmt Moritz bezüglich der Mythendiskussion dieser Zeit eine Schlüsselstellung ein. In meiner Hausarbeit möchte ich der Frage nachgehen, aus welchen Beweggründen Karl Philipp Moritz Ende des 18. Jahrhunderts mythologische Werke hervorbringt. Zu seinem Hauptwerk gehört die *„Götterlehre oder Mythologische Dichtungen der Alten"*, das ich unter verschiedenen Gesichtspunkten näher betrachten werde. Dafür gehe ich im ersten Kapitel auf literarische Debatten um 1800 ein. Des Weiteren möchte ich kurz aufzeigen, welche literarischen Strömungen Moritz beeinflusst haben und wie er sich zeitlich einordnen lässt. Im zweiten Kapitel werde ich auf den Aufbau der Götterlehre eingehen. Moritz bezeichnete mythologische Dichtungen als Sprache der Phantasie, was ich im folgenden Kapitel anhand von Textbeispielen aufzeigen werde. Hierbei möchte ich seine Kritik an Winckelmann miteinbeziehen. Im nächsten Teil meiner Hausarbeit widme ich mich der Schönheitslehre von Moritz und gehe dabei auch auf seine Schrift: *„Die Signatur des Schönen"* ein. Des Weiteren betrachte ich den Zusammenhang von Kunst und Natur in der *Götterlehre* und gehe dann zur Genietheorie und Tragödie über. Im letzten Kapitel möchte ich auf den Theodizeegedanken eingehen. In meiner Hausarbeit möchte ich auch Moritz' Umgang mit Quellen und Überlieferungen in einigen Kapiteln betrachten. Dabei werde ich Moritz mit Hederich, Ovid und Homer als seine Quellen und mit Winckelmann als seinen Zeitgenossen vergleichen.

1. 1. Literarische Debatten um 1800

In der Märzausgabe 1788 erschien Schillers Gedicht *„Die Götter Griechenlandes"* im „Teutschen Merkur". Besonders die Antike, hauptsächlich die griechische, war im Aufklärungsjahrhundert von großer Bedeutung. Winckelmann galt hier als

---

[1] Simonis, Annette: *Die "neue Mythologie" der Aufklärung*: Karl Philipp Moritz' Mythenpoetik im diskursgeschichtlichen Kontext / Annette Simonis. - In: Jahrbuch der Deutschen Schillergesellschaft 45. Stuttgart. 2001. S. 97.

Orientierungspunkt für menschliche Schönheit und Größe, welche „im Zentrum der geistigen Bestrebungen unter den Weimarer Großen stand."[2] Schiller teilte mit Winckelmann nicht nur „die Hoffnung, die auf die menschheitsperspektivischen Wirkungen der griechischen Kunst gesetzt wurden, sondern auch die klare Unterscheidung zwischen Natur und Kunst, zwischen geschichtlicher Wirklichkeit und menschlicher Kunstschöpfung."[3] Mit den „Göttern Griechenlandes" wurde eine Debatte ausgelöst, indem Schiller seine Zeitgenossen herausforderte, denn er stellte ihr Verständnis von sich und ihrer Welt in Frage.[4] Erfahrungen der Einsamkeit und der Disharmonie veranlassten Schiller ein Sehnsuchtsbild zu entwickeln, indem das Individuum als Teil einer harmonischen Welt und parallel als ganzheitliches Wesen in Erscheinung tritt.[5] In der nächsten Ausgabe des „Teutschen Merkur" begann Knebel eine öffentliche Auseinandersetzung, an der sich über längere Zeit hinweg viele literarisch interessierte Menschen beteiligten. Knebel formulierte eine doppelte Kritik: Zum einen, dass Schiller in seinem Gedicht fundamentale historische Erkenntnisse nicht beachtet und griechische Götter als unabhängig von den Menschen existierende Wesen vorstellt, als wären sie dem Menschen vorausgegangen. So lautet die Grundthese von Knebel: „Die Götter sind von jeher aus des Menschen Brust gekommen."[6] Zum anderen werden die Götter bereits in der ersten Strophe als „Schöne Wesen aus dem Fabelland"[7] angesprochen, wodurch ihre wirkliche Existenz negiert wird und sie zu poetischen Schöpfungen der menschlichen Phantasie gemacht werden.[8] Weiterhin kritisierte Knebel, dass in dem Gedicht „Die Götter Griechenlandes" der Polytheismus positiv hervorgehoben wird, während der Monotheismus untergeht.[9] Aufklärerisch-fortschritts-gläubigen Menschen sowie religiös-konservativen Personen erschien die Gegenüberstellung von Antike und Neuzeit in dem Gedicht als Ausdruck von unüberlegter Einseitigkeit für die Antike und gegen die Neuzeit und löste damit öffentliche Empörung aus. Besonders angegriffen fühlten sich die orthodoxen Christen, welche ihrerseits den antiken

---

[2] Dahnke, Hans-Dietrich: Die Debatte um „Die Götter Griechenlands". In: Dahnke, Hans-Dietrich und Bernd Leistner. (Hrsg.): *Debatten und Kontroversen. Literarische Auseinandersetzung in Deutschland am Ende des 18. Jahrhunderts*. Bd.1. Berlin und Weimar. 1989. S.195.
[3] Ebd. S. 196.
[4] Ebd. S. 245.
[5] Ebd. S. 195.
[6] Ebd. S. 208
[7] Schiller, Friedrich: *Götter Griechenlandes*. In: Schillers Werke. Bd.1. Weimar. 1788. S.190.
[8] Dahnke, Hans-Dietrich: Die Debatte um „Die Götter Griechenlands". In: Dahnke, Hans-Dietrich und Bernd Leistner. (Hrsg.): *Debatten und Kontroversen. Literarische Auseinandersetzung in Deutschland am Ende des 18. Jahrhunderts*. Bd.1. Berlin und Weimar. 1989. S. 197.
[9] Ebd. S. 210.

Polytheismus als finsteres Heidentum ansahen, aber gleichzeitig für ihre Religion den Anspruch auf ausschließliche Wahrheit und Ansehen forderten.[10] „Für die einen schien Schiller in seinem Gedicht die Rückkehr nach Arkadien zu predigen und sich damit zugleich einem schwierigen und unerbittlichen Kampf in der eigenen Gegenwart entziehen zu wollen. Für die anderen konnte als ausgemacht gelten, dass hier der empörende Versuch einer Rehabilitation sinnlich-heidnischer Naturreligion und einer Absage an das Christentum vorlag."[11] Mit Körner begann 1789 eine Diskussion über die Freiheit des Dichters. So schrieb Körner einen Aufsatz: *„Ueber die Freiheit des Dichters bei der Wahl seines Stoffs".*[12] Mit Körner wurde dann die Literatur vom Reich der Theologie abgegrenzt. In dem damals bestehenden Preußischen Reich gab es keine freie Konfessionswahl. Körner schlug für die Kunst einen Autonomieanspruch als Lösung für die Kontroverse *Götter Griechenlands* vor.[13] Endprodukt dieser Debatte war, dass die Götter als Fiktion und Wesen der Einbildungskraft und der Mensch als ihr Schöpfer gesehen werde konnte, womit die Genieästhetik eingeleitet wurde. Dies galt nur für den Polytheismus und war nicht auf das Christentum bezogen. Der Monotheismus blieb von dieser Auseinandersetzung unberührt. Somit sind in dieser Debatte Kontroversen zwischen Polytheismus und Monotheismus sowie die Auseinandersetzung zwischen Antike und Christentum offen geblieben. Im Laufe dieser Diskussionen entstand auch Moritz Werk: *„Die Götterlehre oder Mythologische Dichtungen der Alten"* (1791) mit dem Moritz diese Debatte sanktioniert und kanonisiert hat.

---

[10] Ebd.S.207.
[11] Ebd.S.207.
[12] Körner, Christian Gottfried: *Ästhetische Ansichten-Ausgewählte Aufsätze.* Bauke, Joseph P. (Hrgs.) Stuttgart. 1964. S. 5.
[13] „Mit den Stellungnahmen Körners und Forsters erwies sich die Debatte als vollauf angeschlossen an die großen geistigen Bemühungen der Epoche. Dabei war sie nur bedingt ein Streit über ein Gedicht, sondern mehr noch über Poesie und Öffentlichkeit überhaupt. Das Gedicht blieb im Horizont der Auseinandersetzungen – war es doch selbst eng mit den zeitgeschichtlichen Problemen und geistigen Kämpfen verbunden -, und zugleich diente es als Vehikel für eine Debatte, die übergreifenden Charakters war. Wie lebenswichtig die in ihm aufgeworfenen Probleme den Zeitgenossen, auch gerade der jüngeren Generation, waren, lässt sich an den poetischen Abwandlungen und Gegenentwürfen erkennen, die von Hölderlin bis Heine die deutsche Literatur so ungemein bereicherten." Dahnke, Hans-Dietrich: Die Debatte um „Die Götter Griechenlands". In: Dahnke, Hans-Dietrich und Bernd Leistner. (Hrsg.): *Debatten und Kontroversen. Literarische Auseinandersetzung in Deutschland am Ende des 18. Jahrhunderts.* Bd.1. Berlin und Weimar. 1989. S. 257.

1.2. Zeitliche Einordnung von Karl Philipp Moritz

Die reichhaltigen Werke von Moritz lassen sich unter die gebräuchlichen Epochenbegriffe wie Spätaufklärung, Klassik, Romantik nicht ohne weiteres einordnen. Seine *Götterlehre* und seine anderen mythologische Schriften bewegen sich aber durchaus im Einklang mit den aufgeklärten Mythendiskursen seiner Zeit. Gleichzeitig nimmt er aber eine bedeutende Vermittlerrolle zwischen der späten Aufklärung und den um 1800 sich formierenden frühromantischen Bewegungen ein.[14] Mit Moritz konnte auf eine Beständigkeit klassizistischer Antike-Bezogenheit aufmerksam gemacht werden, die in Verbindung mit einer veränderten kunstphilosophischen Grundkonzeption in der frühen Romantik großes Ansehen erwarb.[15] „Der enge entwicklungsgeschichtliche Zusammenhang von Klassizismus und entstehender Romantik, der Moritz' Wirkungsbereich kennzeichnet, verbietet eine zu strenge Scheidung. Diese verkennt die zahlreichen verbindenden Züge, die durch gemeinsame Ursprünge motiviert sind. Moritz' gesamtes Werk ist in der Perspektive solcher Übergänge zu sehen."[16] Moritz hat zu progressiven Entwicklungen beigetragen, so ist er typologisch jener Kategorie der „poetae minores" sowie der literarischen Anreger einzuordnen. Durch seine Sensitivität für Zeitströmungen hat er bestimmte Formerneuerungen angeregt.[17] Die intensive Zeitverflechtung und parallel die Bereitschaft für literarische Stile und Formen, die reflektiert werden, sind unerlässliche Voraussetzungen für die Stilveränderungen, deren epochale Bedeutung bei Moritz ausdrücklich zum Vorschein kommt. Vieles wirkt bei ihm so wie ein Experimentieren mit neuen Formen, denen erst später ihre poethologische Berechtigung zukam.[18]

---

[14] Simonis, Annette: *Die "neue Mythologie" der Aufklärung*: Karl Philipp Moritz' Mythenpoetik im diskursgeschichtlichen Kontext / Annette Simonis. - In: Jahrbuch der Deutschen Schillergesellschaft 45. Stuttgart. 2001. S. 97.

[15] Hubert, Ulrich: Karl Philipp Moritz und die Anfänge der Romantik.Tieck-Wackenroder-Jean Paul-Friedrich und August Schlegel. Frankfurt am Main. 1971. S. 228.

[16] Ebd. S. 210.

[17] Ebd. S. 228.

[18] Ebd. S. 228.

2. Die Götterlehre

2.1. Aufbau der Götterlehre

Götterlehre heißt übersetzt Theologie und die Benennung *Mythologische Dichtungen* kann als Ergebnis der beschriebenen literarischen Debatte verstanden werden. Die Götter werden hier nicht als Figuren eingeführt, sondern als Begriffe, aus denen Figuren mit Geschichten entwickelt werden. Götter sind nicht nur als Fiktion, sondern auch als Übertragungen von elementaren Gedanken, die den Menschen innewohnen, zu sehen. Um diese Gedanken fassbar zu machen, werden sie auf Figuren mit Namen übertragen. Karl Philipp Moritz wollte seine Götterlehre im menschlichen Sinne schreiben,[19] dies lässt sich schon am Aufbau des Buches erkennen. Das Inhaltsverzeichnis beginnt mit: *„Die Erzeugung der Götter. Bildung der Menschen. Die alten Götter, Die Bildung des Menschengeschlechts. Die menschenähnliche Bildung der Götter. Die heiligen Wohnplätze der Götter unter den Menschen. Das götterähnliche Menschengeschlecht, Die Wesen, welche das Band zwischen Göttern und Menschen knüpfen., Die Lieblinge der Götter.“* So wird im Buch auf die Menschen hingearbeitet. Es ist auch eine Entwicklung vom Alten zum Jungen, beispielsweise durch alte und neue Gottheiten, sowie vom weiblichen zum männlichen erkennbar. Zuerst ist es die Erde, die alle Wesen gebärt, später ist Jupiter der Zeugende. Moritz stellt die Welt der antiken Götter in seinem Werk dokumentarisch dar, um sie so vorzustellen, wie sie von den Klassikern gedacht waren und in ihren Werken existent sind.[20] Die *Götterlehre* beginnt beispielsweise ähnlich wie Ovids' *Metamorphosen* mit der *„Entstehung des Kosmos aus dem Chaos(…)Kampf der Giganten gegen die Himmlischen und ihr Untergang(…)“* und mit der *„große Flut.“[21]* Im Aufbau des Inhaltsverzeichnisses von Moritz' *Götterlehre* spiegelt sich die herkömmliche Reihenfolge wider und es geben sich Anhaltspunkte auf die Genealogie.[22] Seine Darstellung der griechischen Mythologie im Einzelnen ist jedoch keine lexikalische Reihenfolge von Gestalten und mythischen Ereignissen, sondern die nahezu rhythmisch zu bezeichnende, sorgfältig abgestimmte Entfaltung

---

[19] Haupt, Wilhelm: *Nachwort*. In: Moritz, Karl Philipp: *Götterlehre oder Mythologische Dichtungen der Alten.* Leipzig. 1984. S.301
[20] Ebd. S. 305
[21] Ovid: *Metamorphosen*. Stuttgart. 1988. S. 705.
[22] Becker, Jochen: *„Trösterin Hoffnung“: Zu Moritz' Götterlehre.* In: Fontius Martin, Klingenberg Anneliese. (Hrsg.): *Karl Philipp Moritz und das 18. Jahrhundert.* Bestandsaufnahmen – Korrekturen – Neuansätze: internationale Fachtagung von 23.-26. September in Berlin. Tübingen. 1995. 245.

eines Werde- und Gestaltungsprozesses.[23] Durch die Taten der Götter und die Formen ihrer Verehrung und bildliche Darstellung wird deutlich, dass Moritz sich den Quellen der klassischen Literatur, beispielsweise von Homer und Ovid bedient.[24] Körner schreibt an Schiller über die *Götterlehre* von Moritz: „Er vermeidet die Fehler der gewöhnlichen Pedanterie und behandelt die alten Dichtungen mit Geist und Kunstgefühl. In vielen Stellen erkenne ich Goethes Ideen, und vielleicht ist der ganze Gesichtspunkt von ihm entlehnt."[25]

In der Einleitung zur Götterlehre weist Moritz daraufhin, die antiken Göttergestalten und ihre Handlungen nicht als Realität beziehungsweise als ausgeschmückte historische Darstellung zu betrachten. Des Weiteren wird von ihm auch das tatsächliche „Mythische", also die vergangene Religiosität, sofern sie den metaphysischen Inhalt der mythologischen Bildungen anbelangt, ausgeklammert. Seine Werke stellen keine Studien über die Religion der Griechen und Römer dar, sondern sie stellen den Aspekt des Gestalterischen heraus.[26] Durch seine Darstellung der Mythologie versucht er die Geschichte der Menschheit aufzuarbeiten. So sagt Jochen Becker zu Moritz` Götterlehre: „Erinnerung ist Therapie und Phantasie bedeutet Hoffnung."[27]

2.2. Die Mythologischen Dichtungen als Sprache der Phantasie

Mit der *Götterlehre* wollte Moritz am Beispiel der alten Griechen zeigen, dass der Mythos, die Sprache der Phantasie, als bildende Kraft in der Welt, im menschlichen Leben wirkungsvoll ist[28]: *„die mythologischen Dichtungen müssen als eine Sprache der Phantasie betrachtet werden. Als eine solche genommen, machen sie gleichsam eine Welt für sich aus und sind aus dem Zusammenhang der wirklichen Dinge herausgenommen."[29]*

---

[23] Schrimpf, Hans, Joachim: *Die Sprache der Phantasie. Karl Philipp Moritz' Götterlehre.* In: Singer, Herbert und Benno von Wiese. (Hrsg.): *Festschrift für Richard Alewyn.* Köln. 1967. S. 178.
[24] Ebd.S.245
[25] Körner an Schiller, 13.April 1791. In: Schiller Werke, Nationalausgabe, Bd.23.1. Weimar 1991. S. 61.
[26] Schrimpf, Hans, Joachim: *Die Sprache der Phantasie. Karl Philipp Moritz' Götterlehre.* In: Singer, Herbert und Benno von Wiese. (Hrsg.): *Festschrift für Richard Alewyn.* Köln. 1967. S. 175.
[27] Becker, Jochen: *„Trösterin Hoffnung": Zu Moritz' Götterlehre.* In: Fontius Martin, Klingenberg Anneliese. (Hrsg.): *Karl Philipp Moritz und das 18. Jahrhundert.* Bestandsaufnahmen – Korrekturen – Neuansätze: internationale Fachtagung von 23.-26. September in Berlin. Tübingen. 1995. S.246-247
[28] Haupt, Wilhelm: *Nachwort.* In: Moritz Karl Philipp: *Götterlehre oder Mythologische Dichtungen der Alten.* Leipzig. 1984. S. 302
[29] Moritz, Karl Philipp: *Götterlehre oder Mythologische Dichtungen der Alten.* Leipzig. 1984. S.7

Die ideenreiche Bildungskraft der Phantasie sollte nach Moritz in eine feste Form gebracht werden, weil dadurch die wesenhaften Bedeutungen der antiken Göttergestalten veranschaulicht werden können. Diese Hervorhebung zeigt sich, indem die Figuren der griechischen Mythologie, sowohl die unzählige schöpfende und bildende, als auch die eingeschränkte Kraft des Künstlers widerspiegeln.[30] Es besteht ein enger Zusammenhang mit dem ästhetischen Autonomiegedanken und der einzigartigen Bestimmung des Künstlers in seiner Zeit. Für Moritz entsprang dieser Autonomiegedanke aus der Phantasie und er stellte das Zentrum der Poesie, bezüglich der dadurch entstehenden Bildungskraft, dar. Als Exempel für das Resultat dieser Bildungskraft sah Moritz die antike Mythologie an, denn diese zeigt sich der Welt als harmonisches, großes Gesamtbild.[31] Die von ihm geschilderten Eigenschaften der Phantasie müssen, um sich mitteilen zu können, manifestiert werden. Der plastisch-sinnliche Grundgedanke, den Moritz mit der antiken Götterwelt verbindet, charakterisierte für ihn das eigentliche Wesen der dichterischen Phantasie.[32] Nach Moritz ist die Götterwelt für den Dichter das zentrale Medium der Sprache der Phantasie: *„Hier ist es nun, wo das Gebiet der Phantasie und der Wirklichkeit am nächsten aneinandergrenzt und wo es darauf ankommt, das, was Sprache der Phantasie oder mythologische Dichtung ist, ob bloß als solche zu betrachten und vor allen voreiligen historischen Ausdeutungen zu hüten."[33]*

Moritz mythologischer Abriss bezweckte keine historische Darstellung, sondern sollte zum „wahrem Verständnis der Alten" dienen, in dem ihre Mythologie „im poetischen Sinne genommen, als schön wieder dargestellt, und sie im Ganzen als eine höhere Sprache, als schöne Symbole nimmt."[34] So vertritt Moritz die Ansicht, dass die antike Mythologie eine Religion der Phantasie und nicht des Verstandes ist: *„Denn da die Ganze Religion der Alten eine Religion der Phantasie und nicht des Verstandes war, so ist auch ihre Götterlehre ein schöner Traum, der zwar viel Bedeutung und Zusammenhang in sich hat auch zuweilen erhabene Aussichten gibt, von dem man aber die Genauigkeit der Ideen im wachenden Zustande nicht folgen muss."[35]* Neben der Auffassung, dass antike Mythologie eine Religion der Phantasie ist, bezeichnete

---

[30] Ennen, Jörg: *Götter im poetischen Gebrauch – Studien zu Begriff und Praxis der antiken Mythologie um 1800 und im Werk H.v. Kleists.* Ribbat, Ernst. Köhn, Lothar. (Hrsg.): *Text und Bild – Münstersche Studien zur neueren Literatur.* 1998 S. 103.

[31] Ebd. S.103/104

[32] Ebd. S.104/105

[33] Moritz, Karl Philipp: *Götterlehre oder Mythologische Dichtungen der Alten.* Leipzig. 1984. S.11

[34] Wieland, Christoph Martin. (Hrsg.): *Der Teutsche Merkur.* Weimar. 1789. S. 223.

[35] Moritz, Karl Philipp: *Götterlehre oder Mythologische Dichtungen der Alten.* Leipzig. 1984. S.22-23.

Moritz Dichtung als etwas Göttliches: *„Denn mit dieser Gottheit, die das Spielende und Zarte, so wie das Majestätische und Hohe, in sich vereinte und selber sich in tausend Gestalten hüllte, konnte die Phantasie noch frei in kühnen Bildern scherzen; sie durfte sich mit an die goldene Kette hängen, den Jupiter vom Himmel herabzuziehen; so wurde sie selber zum Himmel emporgezogen. Und hier ist es, wo demohngeachtet die Gottheit über die Menschheit, selbst in diesen Dichtungen, überschwänglich sich emporhebt.“*[36]

Die Erzeugung einer autonomen Symbolik, in der die Bedeutung, die dem Bild zugrunde liegt, welches aus sich selbst heraus erkennbar wird, stand für Moritz im Mittelpunkt. Wogegen die ästhetische Bedeutsamkeit des ganzheitlichen Bildes bei einem allegorischen Schema verloren geht.[37] Aus diesem Grund warnt Moritz vor Allegorien und grenzt sich somit von Winckelmann ab.

2.3. Kritik an Winckelmann

Allegorische Auslegung und besonders moralische Deutungen der Mythologie lebten im 18. Jahrhundert fort. Jochen Becker schreibt dazu in seiner Schrift *Zu Moritz' Götterlehre,* dass sich „Sittenpredigende Theologen, vernünftelnde Philosophen, Historiker und Philologen“ der Götter bemächtigen.[38] Dennoch wurde durch ihre kosmologischen, geschichtlichen, moralisierenden Auslegungen der Mythologie der Weiterbestand der Götterwelt einerseits ermöglicht. Andererseits geht dadurch Kraft, Wahrhaftigkeit und Anmut verloren und die „Götter verkümmerten“ zu „blutleeren Allegorien.“[39] Die allegorische Deutung formt, durch beliebige Erklärungen, die Poesie der Mythologie in angeblich wahre Geschichten um.[40] Aus diesem Grund lehnte Moritz es ab, den Mythos zuerst als Allegorie oder als historische Realität zu deuten: *„Die Göttergeschichten der Alten durch allerlei Ausdeutungen zu bloßen Allegorien ausbilden zu wollen, ist ein ebenso törichtes Unternehmen, als wenn man diese Dichtungen durch allerlei gezwungene Erklärungen in lauter wahren*

---

[36] Ebd. S.75.
[37] Ennen, Jörg: *Götter im poetischen Gebrauch – Studien zu Begriff und Praxis der antiken Mythologie um 1800 und im Werk H.v. Kleists.* Ribbat, Ernst. Köhn, Lothar. (Hrsg.): *Text und Bild – Münstersche Studien zur neueren Literatur.*1998. S. 103.
[38] Becker, Jochen: *Zu Moritz'Götterlehre.* In: Fontius, Martin. Klingenberg, Anneliese. (Hrsg.): *Karl Philipp Moritz und das 18. Jahrhundert- Bestandsaufnahmen – Korrekturen – Neuansätze: internationale Fachtagung vom 23.-25. September 1993 in Berlin.* Tübingen. 1995. S.241
[39] Ebd. S.241
[40] Gockel, Heinz: *Mythos und Poesie: zum Mythosbegriff in Aufklärung und Frühromantik.* Frankfurt am Main. 1981. S.214

Geschichten zu verwandeln sucht. Die Hand, welche den Schleier, der diese Dichtungen bedeckt, ganz hinweg ziehen will, verletzt zugleich das zarte Gewebe der Phantasie(...)."[41]

Moritz sprach der *Götterlehre* eine große Bedeutung für die Humanität, für Menschheit und Menschlichkeit zu. Losgelöst von der historischen Verbindung mit dem Altertum, stellte er sie auf die überzeitliche Ebene umfassender menschlicher Erfahrungen.[42] Auf Grund dieser von ihm angeführten Aspekte kritisierte Moritz das Konzept Winckelmanns, welcher „die Allegorie am Beispiel der antiken Denkmäler unter die Kriterien von Wahrscheinlichkeit und gutem Geschmack gestellt hatte."[43] In diesem Zusammenhang diskutierte Moritz auch Winckelmanns „christlichen Platonismus" und stellte ihm seine eigene „neoplatonische" Position gegenüber, womit Moritz sich von dem „Übervater der Antikendeutung" abgrenzen wollte.[44] Beispielsweise sind bei Winckelmann Friede und Götterstille bestimmend, während bei Moritz in Apollo, wie in anderen Göttergestalten, Schrecken und todbringende Macht existent sind:[45] „*(...)so hörte Apollo das Flehen des verwaisten Vaters und sandte zürnend seine Pfeile in das Lager der Griechen, dass eine Pest entstand, welche, verheerend um sich greifend, zahlloses Volk hinraffte.*"[46] Dagegen schrieb Winckelmann beispielsweise in seiner *„Beschreibung des Apollo im Belvedere": „Eine Stirn, wie diejenige, die von der Göttin der Weisheit schwanger war, und im Apollo von dem Geiste der Weissagung zu Delos und Klaros aufgeschwellt scheint; Augenbrauen, nach dem Begriff derjenigen, die den Olympus erschüttern, Augen der Königin der Göttinnen, mit Majestät gewölbt, und der schönste Mund voller Zärtlichkeit, einen Hyacinthus und Pampho zu küssen.*"[47] In der Darstellung von Winckelmann wird aus dem Apollo eine Komposition aus Bruchstücken vorgenommen und damit die Gesamtheit zerstört. So schrieb Moritz in seinen Aufsätzen *zur Theorie der Kunst*: „Wenn über Werke der Bildenden Künste, und überhaupt über Kunstwerke etwas Würdiges gesagt werden soll, so muss es keine bloße Beschreibung derselben nach ihren einzelnen Teilen sein, sondern es muss

---

[41] Moritz, Karl Philipp: *Götterlehre oder Mythologische Dichtungen der Alten.* Leipzig. 1984. S. 8.

[42] Becker, Jochen: *Zu Moritz'Götterlehre.* In: Fontius, Martin. Klingenberg, Anneliese. (Hrsg.): *Karl Philipp Moritz und das 18. Jahrhundert*- Bestandsaufnahmen – Korrekturen – Neuansätze: internationale Fachtagung vom 23.-25. September 1993 in Berlin. Tübingen. 1995. S.142.

[43] Ebd. S.243

[44] Ebd. S.244

[45] Becker, Jochen: *Zu Moritz'Götterlehre.* In: Fontius, Martin. Klingenberg, Anneliese. (Hrsg.): *Karl Philipp Moritz und das 18. Jahrhundert*- Bestandsaufnahmen – Korrekturen – Neuansätze: internationale Fachtagung vom 23.-25. September 1993 in Berlin. Tübingen. 1995. S.246-247

[46] Moritz, Karl Philipp: *Götterlehre oder Mythologische Dichtungen der Alten.* Leipzig. 1984. S. 276/277.

[47] Winckelmann, Johann Joachim: *Kleine Schriften und Briefe.* Weimar. 1960. S. 150/151.

uns einen *näheren Aufschluss über das Ganze und die Notwendigkeit seiner Teile sein.*"[48] Des Weiteren kritisierte Moritz in seinen *Schriften zur Ästhetik und Poetik* die bloße Vermittlung von Bedeutungen: „ Denn wenn man zum Beispiel auch sagt: Jupiter bedeutet die obere Luft; so drückt man doch dadurch nichts weniger als den Begriff Jupiter aus, wozu alles das mitgerechnet werden muss, was die Phantasie einmal hingelegt, und wodurch dieser Begriff an und für sich selbst eine Art von Vollständigkeit erhalten hat, ohne erst außer sich selbst noch etwas andeuten zu dürfen. Der Begriff Jupiter bedeutet in dem Gebiet der Phantasie zuerst sich selbst(...)"[49], gleichzeitig aber hat er eine gewisse Begrifflichkeit in der Kunst nicht ganz ausgeschlossen. Bedeutung und Schönheit standen für ihn in einer Wechselbeziehung.[50] Moritz definierte das Bedeutende nach seinen ästhetischen Eigenschaften für das Kunstwerk. Das Schöne in sich Vollendete ist parallel auch das in sich selbst Bedeutende. Demnach bedingen autonome Symbolik und Schönheit einander und stehen in Korrelation[51]: „Bisher war – in Moritz' Wortgebrauch – von „Allegorie" die Rede, wenn eine Opposition zu den neuen Formen einer Bedeutung und Schönheit harmonisch vereinenden Bildkunst bezeichnet werden sollte. Die Heteronomie der bloß „allegorischen" Bezeichnung ist nach Moritz mit dem Autonomiecharakter des Schönen unvereinbar."[52]

3. Schönheitslehre

In der Antikenbeschreibung benutzte Moritz zwei Prinzipien der Schönheitslehre: Erstens bedeutet die ganzheitliche Darstellung des Schönen, dass das schöne Objekt in seiner jeweiligen Individualität vollkommen ist. Die Schönheit wird in ihrer Ganzheit dargestellt, so wie die Schönheit in allen seinen Teilen ganz gegenwärtig ist.[53] Es ging nach Moritz nicht darum, nur einen Auszug des gesamten Schönen oder eine Auswahl von schönen Teilen aufzuzeigen. Zweitens forderte sein ganzheitliches Prinzip der Kunstphilosophie beim Sprechen über das Schöne, die

---

[48]. Moritz, Karl Philipp: *Aufsätze zur Theorie der Kunst „ Über die bildende Nachahmung des Schönen – Die Signatur des Schönen. Inwiefern Kunstwerke beschrieben werden können?* In: Günther, Horst. (Hrsg.) Moritz, Karl Philipp: *Werke Band 2.: Reisen, Schriften zur Kunst und Mythologie.* Frankfurt am Main. 1981. S.588
[49] Moritz, Karl Philipp: *Schriften zur Ästhetik und Poetik.* Schrimpf, Hans, Jochen. (Hrsg.) Tübingen 1962. S. 196.
[50] Hubert, Ulrich: *Karl Philipp Moritz und die Anfänge der Romantik.Tieck -Wackenroder-Jean Paul-Friedrich und August Schlegel.* Frankfurt am Main. 1971. S. 196.
[51] Ebd. S. 197.
[52] Ebd. S. 203.
[53] Ebd. S. 242.

Einheit von symbolischer Beschreibung und Beschriebenen. Demgegenüber basiert eine allegorische Schilderung allein auf Vernunft und ist nicht aussagekräftig, sondern zerstört die Einheit des Kunstwerks.[54] Diese Einheit spiegelt sich bei Moritz beispielsweise auch in den Übergängen vom Zerstörerischen zum Friedlichen und Sanftem wider: *„Diese Dichtung ist vorzüglich schön wegen des Überganges zum Kriegerischen und Zerstörendem zum Friedlichen und Sanftem. Während dass Jupiter noch immer in Gefahr der Herrschaft entsetzt zu werden seine Blitze gegen die Giganten schleudert, ist Saturnus fern von den Verderblichen Götterkriege in Latium angelagert, wo unter ihm sich die glücklichen Zeiten bilden, die nachher in den Liedern der Menschen als ein entflohenes Gut besungen und vergeblich zurückgewünscht wurden.“*[55] Für Moritz' *Götterlehre* ist die einigende Kraft bezeichnend, die Kraft, die immer wieder das Schreckliche bewältigen muss. Auch durch die Beschreibung der Kämpferfiguren: Prometheus, Herkules, Minerva und Apollo wird diese einigende Kraft besonders hervorgehoben. In den Darstellungen von Moritz wird durch die Kraft der Liebe und das Verlangen nach Schönheit, den Figuren Dynamik und Grazie gegeben und die mythologische Geschichte ist Ereignis.[56] Moritz bediente sich beispielsweise der Homerischen Hymnen, wenn seine Worte die Schönheit des Gegenstandes beschreiben. Beispielsweise als die Venus sich auf Erden manifestiert. So heißt es bei Homer: *„(…)Da nahmen die Horen mit goldenem Stirnreif grüßend sie auf und hüllten sie ein in unsterbliche Kleider, krönten ihr dann mit dem goldnen, herrlichen, trefflich gewundnen Kranz das unsterbliche Haupt. Ins Löchlein am Läppchen der Ohren steckten sie Blumen aus kostbarem Gold und aus Messing(…)“*[57]

In der *Götterlehre* lautet es: *„Die Horen empfangen die Venus, wenn sie, nach der alten Dichtung, dem Meer entsteigt; sie ziehen ihr göttliche Kleider an, setzen ihr aufs unsterbliche Haupt die goldene Krone, schmücken ihr mit goldenem Geschmeide Hals und arme und hängen blitzende Ohrgehänge in ihre durchlöcherten Ohren; - so malt sich bis auf den kleinsten weiblichen Schmuck das Bild der hohen Göttin aus.“*[58]

---

[54] Becker, Jochen: *Zu Moritz'Götterlehre*. In: Fontius, Martin. Klingenberg, Anneliese. (Hrsg.): *Karl Philipp Moritz und das 18. Jahrhundert*- Bestandsaufnahmen – Korrekturen – Neuansätze: internationale Fachtagung vom 23.-25. September 1993 in Berlin. Tübingen. 1995. S.242.
[55] Moritz, Karl Philipp: *Götterlehre oder Mythologische Dichtungen der Alten*. Leipzig. 1984. S.22.
[56] Becker, Jochen: *Zu Moritz'Götterlehre*. In: Fontius, Martin. Klingenberg, Anneliese. (Hrsg.): *Karl Philipp Moritz und das 18. Jahrhundert*- Bestandsaufnahmen – Korrekturen – Neuansätze: internationale Fachtagung vom 23.-25. September 1993 in Berlin. Tübingen. 1995. S.244-245
[57] Weiher, Anton. (Hrsg.): *Homerische Hymnen*. München. 5. Aufl. 1968. S.109.
[58] Moritz, Karl Philipp: *Götterlehre oder Mythologische Dichtungen der Alten*. Leipzig. 1984. S.101.

In diesem Textbeispiel bewirkte Moritz „gerade da seine größte Dichte, wo sich die Schönheit auf Erden manifestiert: Hier kehrt die ausströmende Schönheit in Liebe wieder zu ihrem Ursprung zurück."[59]

3.1. Signatur des Schönen

An dem Beispiel der Philomele, welche ihrer Zunge beraubt, ihr Leid in ein Gewand webt, zeigte Moritz, wie eine Beschreibung mit dem Beschriebenen verschmolzen ist. „Keine rührende Schilderung aus dem Munde irgend eines Lebendigen, konnte so, wie dieser stumme Zeuge, wirken."[60] Für Moritz kann das Wesen des Schönen nicht mit Worten erklärt werden, sondern der Inhalt mit seinen einzelnen Teilen steht und spricht für sich selbst.[61] Das Schöne ist „durch Worte erhaben"[62] und ist intellektuell weder begreifbar noch beschreibbar. Es benötigt keiner weiteren Erklärung: „denn das erste Erfordernis des Schönen ist ja eben seine Klarheit, wodurch es sich dem Aug entfaltet."[63] Worte können das Schöne nur insofern beschreiben, dass sie die Macht haben, eine bleibende Spur in der Einbildungskraft zu hinterlassen. Mit der Sprache kann sich der Mensch in allen Äußerungen seines Wesens beschreiben, wenn das Schöne aber schon an der Oberfläche die innewohnende Schönheit erkennen lässt, versagen Worte und machen Platz für den bildenden Künstler. Sie umfassen das Schöne mittelbar, sie lassen Bilder entstehen, wecken die Einbildungskraft, die Phantasie. Durch den Künstler aber „tritt das Schöne auf einmal vors Auge".[64] Durch die Wörter kann der Mensch alles in der Natur bestimmen und beschreiben, durch diese werden ihm aber auch seine Grenzen vorgeschrieben. An dem Punkt, wo die Wahrheit der Dichtung Platz macht, werden die Wörter selbst zum Schönen. Denn in der Dichtung wird die Beschreibung mit dem Beschriebenen eins, hat also den Endzweck in sich selbst. Bei der Dichtkunst dient die Beschreibung nicht dazu, uns eine Sache kenntlich zu machen, die wir noch nicht kennen, sondern dazu,

[59] Becker, Jochen: *Zu Moritz'Götterlehre.* In: Fontius, Martin. Klingenberg, Anneliese. (Hrsg.): *Karl Philipp Moritz und das 18. Jahrhundert*- Bestandsaufnahmen – Korrekturen – Neuansätze: internationale Fachtagung vom 23.-25. September 1993 in Berlin. Tübingen. 1995. S.245
[60] Moritz, Karl Philipp: *Aufsätze zur Theorie der Kunst „ Über die bildende Nachahmung des Schönen – Die Signatur des Schönen. Inwiefern Kunstwerke beschrieben werden können?* In: Günther, Horst. (Hrsg.) Moritz, Karl Philipp: Werke Band 2.: *Reisen, Schriften zur Kunst und Mythologie.* Frankfurt am Main. 1981. S.579.
[61] Ebd. S. 580/581.
[62] Ebd. S. 580.
[63] Ebd. S. 581.
[64] Ebd. S. 584.

diese Sache in ihr wieder zu erkennen.[65] „Denn es ist offenbar, dass wir uns bei der Dichtung die Sachen um der Beschreibung willen, bei der Geschichte hingegen die Beschreibung um der Sachen willen denken".[66]

Wird das Schöne also durch Worte beschrieben, dann sind diese Wörter zusammen mit der Spur, die sie in unserer Phantasie zurücklassen, zusammengenommen das Schöne selbst. Das Schöne kann nur durch sich selbst bezeichnet werden, „weil es eben da erst seinen Anfang nimmt, wo die Sache mit ihrer Bezeichnung eins wird".[67]

Nur die echte Dichtkunst kann eine authentische Beschreibung des Schönen durch Worte in den Werken der bildenden Kunst sein. Dieses Schöne kann durch Worte nur mittelbar beschrieben werden. Es braucht oft einen sehr weiten Umweg, bis diese in uns das gleiche „Bild vollenden können, das von außen auf einmal vor unserm Auge steht."[68]

Moritz stellte die Frage, wie sich erklären, dass beispielsweise nach der Lesung des Homer eine Spur in unserer Einbildungskraft zurückbleibt, welche die gleiche Empfindung des Schönen in uns zurücklässt, wie das Betrachten eines Kunstwerks. Trotzdem kann diese zurückgelassene Spur von der tatsächlichen Gestalt der Sache, die uns diese Spur eingeprägt hat, so verschieden sein, dass sie kaum noch zu erraten ist. So sagt Moritz in seiner *Signatur des Schönen*: „das vollkommenste Gedicht sei, seinem Urheber unbewusst, zugleich die Vollkommenste Beschreibung des Höchsten Meisterstücks der bildenden Kunst so wie dies wiederum die Verkörperung oder verwirklichte Darstellung des Meisterwerks der Phantasie".[69]

Moritz schließt in der *Signatur des Schönen* erneut mit einer Kritik an Winckelmann. Denn dieser hat in seiner Beschreibung *Apollo im Belvedere*, das Kunstwerk nicht als Ganzes, sondern es in seinen Einzelteilen betrachtet und damit zerlegt. Winckelmann lenkt den Blick vom Ganzen und richtet ihn auf das Einzelne, somit hat er „die Einheit der erhabnen Bildung entweiht, und ihr wohltätiger Eindruck „ wird zerstört.[70]

Ein Kunstwerk muss im Ganzen betrachtet sowie ein Gedicht im Ganzen vorgelesen werden muss und nicht der Reihe nach. Ebenso kann der Gang einer Musik nicht mit

---

[65] Ebd. S. 584.
[66] Ebd. S. 584.
[67] Moritz, Karl Philipp: *Aufsätze zur Theorie der Kunst „Über die bildende Nachahmung des Schönen – Die Signatur des Schönen. Inwiefern Kunstwerke beschrieben werden können?* In: Günther, Horst. (Hrsg.) Moritz, Karl Philipp: Werke Band 2.: *Reisen, Schriften zur Kunst und Mythologie.* Frankfurt am Main. 1981. S. 585.
[68] Ebd. S. 585.
[69] Ebd. S. 585.
[70] Ebd. S. 588.

Worten beschrieben werden. Das einzige Würdige, das über Kunstwerke oder über den bildenden Künstler gesagt werden soll, darf nicht nur eine Beschreibung der einzelnen Teile sein, sondern „es muß uns einen nähern Aufschluß über das Ganze und die Notwendigkeit seiner Teile geben".[71]

4. Kunst und Natur

Das schöne Werk und die Natur sind eng miteinander verbunden. Die Natur gibt Hoffnung auf ein wertvolles Leben. Die Ganzheit der Natur wird auch im Kunstwerk angestrebt und steht für Harmonie.[72] Das Schreckliche und Grausame muss immer wieder durch das Schöne und Wohltuende überwunden werden und so entsteht ein harmonisches Gesamtbild. Beispielsweise durch die Figur Minerva, welche einerseits eine Kriegsgöttin ist, die aus dem Kopf des Jupiters entsprang und als gefühlskalt und kriegerisch beschrieben wird. Andererseits ist sie sehr naturverbunden und lehrt den Menschen das Pressen von Olivenöl und das Weben von Kleidern. Sie wird männlich und weiblich beschrieben. Durch das Genie sind Natur und Kunstwerk vereinigt und zeigen somit Gesamtheit und Schöpferkraft der Natur auf.[73] „Und wie die Kunst die Vollkommenheit des Menschen erfordert und zugleich bewirkt, so ist auch die Ruhe der Betrachtung zugleich Voraussetzung wie Ziel des Kunstgenusses."[74] Moritz begegnete bei seiner Romreise der vollendeten Schönheit klassischer Kunst. Demzufolge bildete sich auch seine menschliche und künstlerische Schöpferkraft. Von der Betrachtung antiker Wirklichkeit angeregt, entfaltete sich bei dem Künstler ein kreatives Vorstellungsvermögen, welches ihn zu vollkommener Schöpfung befähigte:„ *Prometheus ist daher auf den alten Kunstwerken ganz wie der Bildende Künstler dargestellt, so wie auch auf den hier beigefügten Umriss, nach einem antiken geschnittenen Steine wo zu seinen Füßen eine Vase und vor ihm ein menschlicher Torso steht, den er, so wie jene, aus Ton gebildet und dessen Vollendung er zum Einzigen Augenmerke seiner ganzen Denkkraft gemacht zu haben scheint."[75]

---

[71] Ebd. S. 588.
[72] Becker, Jochen: *Zu Moritz'Götterlehre*. In: Fontius, Martin. Klingenberg, Anneliese. (Hrsg.): *Karl Philipp Moritz und das 18. Jahrhundert*- Bestandsaufnahmen – Korrekturen – Neuansätze: internationale Fachtagung vom 23.-25. September 1993 in Berlin. Tübingen. 1995. S. 246.
[73] Ebd. S. 246.
[74] Ebd. S. 246.
[75] Moritz, Karl Philipp: *Götterlehre oder Mythologische Dichtungen der Alten*. Leipzig. 1984. S.26.

Ein wichtiger Bestandteil einer vollkommenen Schöpfung sind auch Schmerz und Schrecken: „Schönheit und Ordnung müssen immer wieder dem Chaos abgerungen werden"[76], damit stellt das Kunstwerk eine Gesamtheit her, welche ein wichtiger Aspekt für die Ästhetik ist.

5. Ästhetik

Kennzeichnend für die Ästhetik von Moritz ist hinsichtlich der Theorie der Bildlichkeit ihre offene Tendenz, einerseits gegen den klassischen Symbolbegriff, andererseits gegen die theoretische Fundierung der romantischen Symboltheorie sowie der romantischen Allegorie: „Die Deutbarkeit, die Moritz' Ästhetik bezüglich dieser beiden Bildtheorien zulässt, beruht auf der Doppelheit ihrer zentralen Kategorie: dem Autonomieprinzip der organisch vollendeten Form und dem symbolisierenden Unendlichkeitsbezug des Schönen."[77] Die ästhetische Methode von Moritz erfasste die Idee einer unbestimmten Symbolik, in der Bedeutung und Schönheit in Wechselbeziehung stehen.[78] Ein großer Teil der literarischen Auseinandersetzungen, die zwischen Moritz und der frühen Romantik registriert wurden, können als Verknüpfung von Antike-Interpretation und Ästhetik verstanden werden.[79] Seine Ästhetik schafft eine Gesamtheit des klassischen Kunstideals. Durch seinen Grundsatz der ästhetischen Autonomie deutet er aber auch auf ein romantisches Kunstverständnis hin.[80] Die Einbettung des Schönen in das Moralische ist für die klassischen Kunsttheorie bezeichnend und weist gleichzeitig auch auf das romantische Kunstideal voraus.[81] „Als eine edle Handlung hat jene zu gelten, deren Zweck nicht das Nützliche ist, die aber das Nützliche nicht von sich weist."[82] Ein Geschehen dieser Art wird als ästhetische Handlung beschrieben, bei der sich die Menschheit über sich selbst erhebt. Moritz ging auf das ästhetisch verstandene

---

[76] Becker, Jochen: *Zu Moritz'Götterlehre.* In: Fontius, Martin. Klingenberg, Anneliese. (Hrsg.): *Karl Philipp Moritz und das 18. Jahrhundert-* Bestandsaufnahmen – Korrekturen – Neuansätze: internationale Fachtagung vom 23.-25. September 1993 in Berlin. Tübingen. 1995 S.247

[77] Hubert, Ulrich: *Karl Philipp Moritz und die Anfänge der Romantik.Tieck-Wackenroder-Jean Paul-Friedrich und August Schlegel.* Frankfurt am Main. 1971. S.194.

[78] Hubert, Ulrich: *Karl Philipp Moritz und die Anfänge der Romantik.Tieck-Wackenroder-Jean Paul-Friedrich und August Schlegel.* Frankfurt am Main. 1971. S.194.

[79] Hubert, Ulrich: *Karl Philipp Moritz und die Anfänge der Romantik.Tieck-Wackenroder-Jean Paul-Friedrich und August Schlegel.* Frankfurt am Main. 1971.S. 210.

[80] Gockel, Heinz: *Mythos und Poesie : zum Mythosbegriff in Aufklärung und Frühromantik.* Frankfurt am Main. 1981. S.213

[81] Ebd. S. 213

[82] Ebd. 213-214.

Problem von Individuum und Gattung ein und versuchte es mit der Gestaltung der „schönen Seelen" zu beheben: „Höher aber kann die Menschheit sich nicht heben, als bis auf den Punkt hin, wo sie durch das Edle in der Handlung, und das Schöne in der Betrachtung, das Individuum selbst aus seiner Individualität herausziehend, in den schönen Seelen sich vollendet, die fähig sind, aus ihrer eingeschränkten Ichheit, in das Interesse der Menschheit hinüber schreitend, sich in die Gattung zu verlieren."[83] In der Götterlehre lassen sich mythologische Parallelen zu diesem beschriebenen ästhetischen Ideal finden. Beispielsweise in der Figur des Prometheus, der den Menschen in verschiedenen Künsten unterwies: *„(...)während dass Prometheus fortfuhr, die Menschen alle nützliche Künste zu lehren, welche der Gebrauch des Feuers möglich macht, (...)"[84]*

Auch hier wird Moritz' Kritik an allegorischen Deutungen, welche versucht, die Poesie der Mythologie in scheinbar wahre Geschichten umzuwandeln, sichtbar. In der Mythologie wird, nach Moritz, jede Art von Fremdbestimmungen zurückgewiesen. Mythologische Figuren bleiben Gestalten von Phantasie und Dichtung und sie erhalten so spezifisch mythologische Autonomie.[85] Das Dasein der mythologischen Figuren wird aus ihrer ästhetischen Funktion heraus festgelegt. Als Geschöpfe der Phantasie, bestehen und überleben sie nur aus ihrer ästhetischen Position heraus.[86]

So schrieb Moritz in der *Götterlehre*: *„Der Begriff Jupiter steht in dem Gebiet der Phantasie zuerst sich selbst, so wie der Begriff Cäsar in der Reihe der wirklichen Dinge den Cäsar selbst bedeutet. Denn wer würde wohl zum Beispiel bei dem Anblicke der Bildsäule des Jupiter von Phidias' Meisterhand zuerst an die obere Luft gedacht haben, die durch den Jupiter bezeichnet werden soll, als wer alles Gefühl für Erhabenheit und Schönheit verleugnet hätte und imstande gewesen wäre, das höchste Werk der Kunst wie eine Hieroglyphe oder einen toten Buchstaben zu betrachten, der seinen ganzen Wert nur dadurch hat, weil er etwas außer sich bedeutet."[87]*

---

[83] Moritz, Karl Philipp: *Über die bildende Nachahmung des Schönen*. In: Seufert, Bernhard. (Hrsg.): *Deutsche Literaturdenkmale des 18. und 19.Jahrhunderts*. No.31. Stuttgart. 1988. S. 31.
[84] Moritz, Karl Philipp: *Götterlehre oder Mythologische Dichtungen der Alten*. Leipzig. 1984. S. 27.
[85] Gockel, Heinz: *Mythos und Poesie: zum Mythosbegriff in Aufklärung und Frühromantik*. Frankfurt am Main. 1981. Ebd. S.214.
[86] Ebd. S.214
[87] Moritz, Karl Philipp: *Götterlehre oder Mythologische Dichtungen der Alten*. Leipzig. 1984. S. 8-9.

Die Mythologie ist ein vollendetes Ganzes sowohl in den einzelnen Figuren und Geschichten wie in ihrer Gesamtheit.[88] Durch den Aspekt der Gesamtheit und der Vollkommenheit wird Moritz' *Götterlehre* zur Ästhetik, denn nur: *„Ein wahres Kunstwerk, eine schöne Dichtung ist etwas in sich Fertiges und Vollendetes, dass um seiner selbst willen da ist und dessen Wert in ihm selber und in dem wohl-geordnetem Verhältnis und seiner Teile liegt, (…)."[89]*

Die *Götterlehre* ist nicht nur eine Ergänzung zu Moritz' eigentlicher Kunstphilosophie, sondern sie schließt seine verwendete Ästhetik, sozusagen den Gebrauch seiner Kunsttheorie, auf die Probleme der Bedeutung in der Kunst am Gegenstand der Mythologie ein.[90]

5.1. Harmonie von Gegensätzen als klassisches Kunstideal

Die Mythologie reflektiert Menschheitsgeschichte und vermittelt auch Lebenserfahrungen, ihr Hauptanliegen aber ist die Schönheit. Einzelne mythologische Elemente oder in sich abgeschlossene mythologische Aussagen können darüber hinaus Sinnbilder der Harmonie von Gegensätzen aufzeigen, was für das klassische Kunstideal bezeichnend ist.[91] Gleichzeitig wird auf die „coincidentia oppositorum" der romantischen Mythologie vorausgewiesen.[92]
Für Moritz' ästhetische Mythologie ist die Versöhnung und Vereinigung von Gegensätzen von großer Bedeutung. So ist der Begriff Versöhnung Anhaltspunkt für die klassische Ästhetik und der Begriff Vereinigung weist auf die romantische Ästhetik hin.[93] So schreibt Moritz in der *Götterlehre*: *„Gleich am Anfange dieser Dichtungen vereinigen sich die Entgegengesetzten Enden der Dinge; an das Furchtbarste und Schrecklichste grenzt das Liebenswürdigste.-*
Das Gebildete und Schöne entwickelt sich aus dem Unförmlichen und Ungebildeten.
- Das Licht steigt aus der Finsternis empor. Die Nacht vermählt sich mit dem Erebus

---

[88] Gockel, Heinz: *Mythos und Poesie: zum Mythosbegriff in Aufklärung und Frühromantik.* Frankfurt am Main. 1981. S.215-216

[89] Moritz, Karl Philipp: *Götterlehre oder Mythologische Dichtungen der Alten.* Leipzig. 1984. S.9.

[90] Hubert, Ulrich: *Karl Philipp Moritz und die Anfänge der Romantik.Tieck-Wackenroder-Jean Paul-Friedrich und August Schlegel.* Frankfurt am Main. 1971. S.194.

[91] Gockel, Heinz: *Mythos und Poesie: zum Mythosbegriff in Aufklärung und Frühromantik.* Frankfurt am Main. 1981. S.215-216

[92] Ebd. S.215-216

[93] Gockel, Heinz: *Mythos und Poesie: zum Mythosbegriff in Aufklärung und Frühromantik.* Frankfurt am Main. 1981. S.215-216

und gebiert den Äther und den Tag. Die Nacht ist reich an mannigfaltigen Geburten, denn sie hüllt alle Gestalten in sich ein, welche das Licht des Tages vor unseren Blick entfaltet.[94] Auch an diesem Textbeispiel ist zu erkennen, dass der Grundsatz des Ausgleichs sich durch die gesamte Götterlehre erstreckt. So handelt es sich um den Ausgleich von Himmelreich und Erde sowie von Ideal und Realität.[95]

In der mythologischen Ikonographie entwickelte sich eine Ethik, die dann auch in der Klassik beansprucht wurde. In der *Götterlehre* finden sich Textbeispiele, in denen Moritz nicht mehr Ästhetiker der Klassik ist, denn die Ästhetik des Ausgleichs wird zur Ästhetik der „coincidentia oppositorum"[96]: *„Das Finstere, Irdische und Tiefe ist die Mutter der Himmlischen, Hohen und Leuchtenden."*[97] In diesem Textbeispiel wird der romantische Mythos der Nacht beschworen, gleichzeitig setzt sich das Himmlische, Hohe und Leuchtende gegenüber der Herrschaft der Nacht durch. Jedoch ist die Herrschaft der Nacht bereits angebrochen. Der ästhetische Autonomiegedanke, der bei Moritz aus der Phantasie hervorgeht ist, bezüglich der zum Tragen kommenden Bildungskraft, Hauptanliegen der Poesie. Moritz sah die antike Mythologie als Wirkung der Bildungskraft an, weil sie sich der Welt als großes, harmonisches Gesamtbild darbietet.[98] Demonstriert wird diese Gesamtheit in den Darstellungen in der *Götterlehre.* Mythologische Figuren haben eine unvorhersehbare Lebendigkeit.[99] In der Mythologie als schöne Kunstwelt, welche aus dem Durcheinander des Unbegrenzten erwachsen ist, wird der Autonomiegedanke präsentiert.[100] Die symbolische Geschlossenheit in der antiken Mythologie ist ein bedeutsames Muster für Moritz' Kunstanschauung. Auch die Götterwelt ist für Moritz - so wie die Natur - von bestimmten gestalterischen Gesetzen geformt. Dadurch eignet sie sich eine individuelle, innere Zweckmäßigkeit an. Das zentrale Anliegen seiner Kunstanschauung bestand demzufolge in den „Wesen der Gestaltwerdung der antiken Götter."[101] Mit den Figuren Apollo, Diana und Minerva zeigt Moritz die Vereinigung mit dem Entgegengesetzten, sie stehen für Bildung und Zerstörung. Beispielsweise verkörpert Minerva kriegerische Macht und gleichzeitig bringt sie den

---

[94] , Karl Philipp: *Götterlehre oder Mythologische Dichtungen der Alten.* Leipzig. 1984. S. 14
[95] Gockel, Heinz: *Mythos und Poesie: zum Mythosbegriff in Aufklärung und Frühromantik.* Frankfurt am Main. 1981. S. 216-217
[96] Ebd. S.217.
[97] Moritz, Karl Philipp: *Götterlehre oder Mythologische Dichtungen der Alten.* Leipzig. 1984.S. S.14.
[98] Ennen, Jörg: *Götter im poetischen Gebrauch – Studien zu Begriff und Praxis der antiken Mythologie um 1800 und im Werk H.v. Kleists.* Ribbat, Ernst. Köhn, Lothar. (Hrsg.): *Text und Bild – Münstersche Studien zur neueren Literatur.*1998. S.104
[99] Ebd. S. 217
[100] Ebd. S.104
[101] Ebd. S.104

Menschen kulturellen Fortschritt, indem sie ihnen das Weben und Ölpressen lehrt:"
So ist Minerva die verwundende und die heilende, die zerstörende und die bildende;
eben die Göttin, welche am Waffengetümmel und an der tobenden Feldschlacht sich
ergötzt, lehrt auch die Menschen die Kunst, zu weben und aus den Oliven das Öl zu
pressen."[102] Das Entgegengesetzte vereinigt sich in der *Götterlehre* zur Harmonie
des Ganzen. Einzelne Gegebenheiten deuten auf eine höhere Zusammengehörigkeit
hin.[103] *„ Daß in Minervens hoher Götterbildung, so wie beim Apollo, das ganz*
Entgegengesetzte sich zusammenfindet macht eben diese Dichtung schön, welche
hier gleichsam zu einer höheren Sprache wird, die eine ganze Anzahl harmonisch
ineinandertönender Begriffe, die sonst zerstreut und einzeln sind, in einem Ausdruck
zusammengefaßt.[104]*"* Mit diesen Figuren wird sichtbar, dass Moritz sich an den
Schriften von Ovid, Homer und Hederich orientiert hat. Homer schreibt
beispielsweise über Minerva - Athene in seinen Hymnen: *„ Pallas Athena, die*
ruhmvolle Göttin, will ich besingen, eulenäugig, vieles beratend, spröde im Herzen,
züchtige Jungfrau, Städtebeschirmerin, mutig zur Abwehr ist sie, Tritogeneia, die
Zeus, der Berater, erzeugte selbst aus seinem erhabenen Haupt, zum Kampfe
gewaffnet, golden und ganz voll Glanz."[105]
Auch in den *Metamorphosen* von Ovid wird Minerva als Kriegerin vorgestellt:
„Aber da richtet auf sie die Göttin des Krieges das finstre Rund ihres Auges, und aus
dem Innersten dringt ihr mit solcher Stärke ein Stöhnen, so dass es die Brust und
zugleich mit der starken Brust die Aegis erschüttert.(…)"[106] und gleichzeitig ist sie
auch Göttin der weiblichen Handfertigkeit, beispielsweise der Webkunst.[107] Mit
diesen gegensätzlichen Eigenschaften und Fähigkeiten wird sie auch in Hederichs
Werk *Gründliches mythologisches Lexikon* vorgestellt. Auch er bezieht sich hier auf
Quellen von Ovid: *„Nicht weniger war sie die Göttin gesammter freien Künste, (Ovid)*
des Webens, Spinnens und Nähens(…) der Poesie und tausend anderer dergleichen
Künste mehr. Allein, auch selbst des Krieges."[108] So lässt sich an den verschiedenen
Textbeispielen erkennen, dass die Vereinigungen von Gegensätzen in der antiken
Mythologie mit den Gegebenheiten der Natur übereinstimmen. Die alten Götter

[102] Moritz, Karl Philipp: *Götterlehre oder Mythologische Dichtungen der Alten.* Leipzig. 1984.S. S.92.
[103] Ennen, Jörg: *Götter im poetischen Gebrauch – Studien zu Begriff und Praxis der antiken Mythologie um 1800 und im Werk H.v. Kleists.* Ribbat, Ernst. Köhn, Lothar. (Hrsg.): *Text und Bild – Münstersche Studien zur neueren Literatur.*1998. S.106
[104] Moritz, Karl Philipp: *Götterlehre oder Mythologische Dichtungen der Alten.* Leipzig. 1984.S.92.
[105] Weiher, Anton. (Hrsg.): *Homerische Hymnen.* München. 5. Aufl. 1968. S. 127.
[106] Ovid: *Metamorphosen.* Stuttgart. 1988. S. 83.
[107] Ebd. S. 183.
[108] Hederich, Benjamin: *Gründliches mythologisches Lexikon.* Leipzig 1770. S. 1626.

reflektieren die bildhafte Sprache der Natur, die einerseits schützend und nährend, aber andererseits zerstörend und gewaltig sein kann. Für Moritz veranschaulicht die antike Mythologie eine vitale, vielseitige Symbolik. Damit sollte der Autonomie des Kunstwerks eine neue Verbindlichkeit zugetragen werden.[109]

6. Genietheorie und Tragödie

Im 18. Jahrhundert stand die Figur des Prometheus für den modernen, autonomen Menschen als Bild des Genies. Der *Prometheus* von Goethe, der auch in der *Götterlehre* einbezogen wird, tritt der absoluten Herrschaft Jupiters entgegen. Seine grenzenlose Autonomie gegenüber jeglicher Autorität, die er für sich und für die Menschen fordert, ist nicht nur für den modernen Menschen, sondern auch für das Genie des Sturm und Drangs die bekannteste Verkörperung.[110] Insbesondere in der Tragödie, aber auch in jeder weiteren bildenden Kunst, wird das Leiden der Menschheit und des bildenden Künstlers aufgenommen, um es für die kommende Generation festzuhalten. Diese Aufgabe haben auch die nachgezeichneten Gemmen, die in dieser Hinsicht auch der Kunstauffassung von Moritz entsprechen.[111]

„Zwar zeigen die ersten Aufführungen über Moritz' Auffassung der Kunstproduktion, daß er nicht nur oder nicht an erster Stelle von den Genietheorien des Sturm und Drangs abhängig ist, sondern in weit größerem Maße von den früheren Theorien der Popularphilosophie. Nichtsdestoweniger bedeutet seine Auseinandersetzung mit der Dilettantismus-Problematik auch und vor allem eine Kritik an der Empfindsamkeit und am Sturm und Drang, die aus der Warte eines neuen, klassischen Verständnisses der Kunst geführt wird."[112] Dagegen arbeitete Moritz durch seine neue Einstellung zum Mitleid und durch seine neuen Ideen, bezüglich der Funktion der Tragödien, auf eine bedeutende Veränderung in der Tragödientheorie hin. Dieser Wechsel in der Tragödientheorie wurde dann auch von den Romantikern eingeführt.[113]

---

[109] Ennen, Jörg: *Götter im poetischen Gebrauch – Studien zu Begriff und Praxis der antiken Mythologie um 1800 und im Werk H.v. Kleists.* Ribbat, Ernst. Köhn, Lothar. (Hrsg.): *Text und Bild – Münstersche Studien zur neueren Literatur.*1998. S.106

[110] Costazza, Alessandro: *Genie und tragische Kunst - Karl Philipp Moritz und die Ästhetik des 18 Jh.* Bd. 13. Bern. 1999. S.7-9

[111] Costazza, Alessandro: *Genie und tragische Kunst - Karl Philipp Moritz und die Ästhetik des 18 Jh.* Bd. 13. Bern. 1999. S.7-9

[112] Ebd. S.9.

[113] Ebd. S.9.

6.1. Theodizee

Der Theodizeegedanke wurde 1710 von Leibniz geprägt. Hiermit wurde versucht, eine Rechtfertigung Gottes hinsichtlich des von ihm in der Welt zugelassenen Übels und Bösen, mit dem Glauben an seine Allmacht, Weisheit und Güte in Einklang zu bringen.[114] Die Poetik des Erhabenen verhilft zu einer ästhetischen Rechtfertigung des Bösen, Hässlichen oder allgemein Nachteiligen in der Natur. Alle anderen Rechtfertigungen des Vergnügens an grauenhaften Dingen, die in dieser Zeit entstanden sind, hatten dieselbe Funktion: „Ob das Vergnügen an schrecklichen oder traurigen Gegenständen sensualistisch bzw. rationalistisch als eine unmittelbare Folge der erhöhten Aktivität der Seele erklärt wird, oder ob es auf die ‚ästhetische' Differenz, d.h. auf die Perfektion der Nachahmung und dementsprechend auf die Fertigkeit des Künstlers zurückgeführt wird, immer dienen diese Theorien letztendlich dazu, eine Unvollkommenheit, die rational nicht mehr glaubwürdig zu rechtfertigen war, wenigstens sinnlich bzw. ästhetisch, insofern sie Gegenstand des Gefallens ist, in eine subjektive oder objektive Vollkommenheit zu verwandeln."[115] Besonders diese wichtige Aufgabe der Ästhetik des „Nichtschönen" wird durch die unlösbare Ambiguität der ästhetischen Anordnung zum Vorschein gebracht, welche dem Herrschaftsgestus der Vernunft als Charakterisierung zugeordnet wurde. Die Ambiguität zeigt auch die entsprechende Doppeldeutigkeit der Theodizee selbst auf, indem sie einerseits rechtfertigend und erklärend ist und andererseits parallel auch die Voraussetzung für den Beginn einer kritischen Rationalität schafft. Diese bedeutende Funktion des Erhabenen im 18Jh. entspricht nicht nur der ästhetischen Kategorie, vielmehr wirkt sie sich, nach Mendelssohn, auf die umfassende ästhetische Debatte dieser Zeit aus.[116] In diesem Zusammenhang kann die Genauigkeit und die Voraussicht von Moritz' Intuition hervorgehoben werden. Denn durch seine Bezugnahme auf die ästhetische Theodizee hat er die Idee eines ganzen Jahrhunderts mit ihren dezentesten Verbindungen erfasst, welche beispielsweise partiell bei Kant und dem Idealismus offensichtlich werden sollten.[117] Philosophische Kritik an der Theodizee von Leibniz gab es aus theologischer

---

[114] Träger, Klaus (Hrgs.): *Wörterbuch der Literaturwissenschaft*.1. Aufl. Leipzig. 1986. S. 517-518.
[115] Costazza, Alessandro: *Genie und tragische Kunst - Karl Philipp Moritz und die Ästhetik des 18 Jh.* Bd. 13. Bern. 1999. S. 412
[116] Costazza, Alessandro: *Genie und tragische Kunst - Karl Philipp Moritz und die Ästhetik des 18 Jh.* Bd. 13. Bern. 1999. S.413
[117] Costazza, Alessandro: *Genie und tragische Kunst - Karl Philipp Moritz und die Ästhetik des 18 Jh.* Bd. 13. Bern. 1999. S.412-413

Richtung. Sie griffen besonders Leibniz' Erklärung des Problems des ungewollten und nicht verhinderbaren moralischen Übels sowie die Vorherbestimmung des Geschehens an. Der in Deutschland besagte Leipziger Theodizee – Disput kann ein offensichtliches Merkmal für diese innerphilosophische Debatte der Theodizee wahrgenommen werden. Dieser Streit wurde 1781-1782 diskutiert und die Theodizee wurde auf dieser Basis hervorgerufen.[118] Durch die Ästhetik, als neue philosophische Disziplin, konnte im Laufe dieser Zeit der fortschreitende Geltungsverlust der Theodizee zumindest partiell aufgefangen und ausgeglichen werden.[119] Es besteht also eine enge Verbindung von Ästhetik und Theodizee, da die Theodizee sogleich charakteristische ästhetische Argumentationen aufzeigte. Die zusammenhängenden Ideen von Gott als Künstler und von der Welt als Kunstwerk haben den Zweck, auch das Übel in der Welt kund zu machen, beispielsweise durch dunkle Schatten auf einem Gemälde, durch Disharmonien in der Klangwelt oder durch klagende Momente in einem Bühnenstück. All dies verunstaltet nicht die Schönheit des Kunstwerkes, sondern es bewirkt höchste Vollkommenheit und steigert das Vergnügen an der Kunst.[120] Als das Weltbild zerstört schien und auch der Glaube und die Vernunft nicht mehr helfen konnte, wurde auf die Kunst bzw. auf die Kunstphilosophie zurückgegriffen, denn in ihr konnte unbewusst die letzte noch mögliche Rettung gesucht werden.[121] Neben dem Erhabenen als Zufluchtsort der Theodizee, hat auch das Schöne bzw. die ästhetische Reflexion dieselbe Aufgabe. Durch ihre harmonische Vollkommenheit und Gesamtheit der poetischen Form ist sie mit dem Erhabenen vergleichbar und gleichzeitig dient die Ästhetik zur Bestätigung der Schönheit und Vollkommenheit für die „beste aller möglichen Welten".[122] Dieses existentielle Bedürfnis einer Theodizee, mit dessen Hilfe dem Leiden einen Sinn und der Welt eine Rationalität gegeben werden konnte, war Moritz bewusst. Er führte eine entsprechende ästhetische Erklärung des Übels an und nahm diese in der Theorie der tragischen Kunst auf. Eine solche Theodizee des Tragischen unterscheidet sich von jener des Erhabenen, indem sie weniger erzählend aber dafür kritischer ist. Sie beleuchtet das Übel des erforderlichen Leidens in der Historie der Menschheit, indem sie es nicht nur in subjektive Vollkommenheit des Gefallens

---

[118] Costazza, Alessandro: *Genie und tragische Kunst - Karl Philipp Moritz und die Ästhetik des 18 Jh.* Bd. 13. Bern. 1999. S. 414.
[119] Ebd. S.414-415
[120] Ebd. S.416
[121] Costazza, Alessandro: *Genie und tragische Kunst - Karl Philipp Moritz und die Ästhetik des 18 Jh.* Bd. 13. Bern. 1999. S.416
[122] Ebd. S.417

auflöst, vielmehr wird es als Skandalon beispielsweise als andauernde Herausforderung offen und lebendig demonstriert.[123] In diesem Zusammenhang sprach Moritz nicht von der Kunst im allgemeinem, sondern von der „tragischen Kunst". Er unterschied zwischen dem freudigen Inhalt der Dichtung, welcher sich in sich selbst auflöst und dem tragischen Inhalt, welcher hingegen durch stärkere Anteilnahme eine Bereicherung für den Menschen darstellt.[124] So schrieb Moritz in der *Götterlehre* zum Thema tragische Dichtungen: „*Dem Jupiter also gleichsam zum Trotz suchte Prometheus seine Menschenschöpfung und Menschenbildung zu vollenden, obgleich er selber wusste, dass er dereinst schrecklich dafür büßen müsse. – Dies ungleiche Verhältnis der Menschen zu den herrschenden Göttern gab nachher den Stoff zu den tragischen Dichtungen, deren Geist in den folgenden Zeilen atmet worin ein Dichter unserer Zeiten den Prometheus, im Namen der Menschen, deren Jammer er in seinem Busen trägt, redend einführt.*"[125]

Letztendlich kann gesagt werden, dass jede wahre Kunst auch tragische Kunst ist, „da sie schon in ihrer Entstehung Ausdruck des tragischen Gesetzes der Bildung, welches seinerseits eine Fortsetzung und symbolische Widerspiegelung des unlösbaren Widerspruchs in der menschlichen Geschichte zwischen dem Glücksanspruch des Einzelnen und der Notwenigkeit seines Leidens darstellt."[126] So erschafft die tragische Darstellung nach Moritz, das Höchste der Poesie, das bedeutet ihren höchsten und eigentlichen Gegenstand, somit wird der Künstler hier zum Träger des Widerspruchs.[127]

7. Zusammenfassung

Zusammenfassend kann festgehalten werden, dass Moritz Ende des 18. Jahrhunderts mythologische Werke hervorbrachte, um die literarische Debatte die ihm mit Schillers Gedicht: *Die Götter Griechenlandes* vorausging, zu sanktionieren und zu kanonisieren. Ein Hauptaspekt für ihn war, den gesamten antiken Götterhimmel als eine in sich gerundete Welt der Dichtung, mit ihren eigenen Gesetzen darzustellen. In seiner symbolischen Geschlossenheit erzeugt der antike

---

[123] Costazza, Alessandro: *Genie und tragische Kunst - Karl Philipp Moritz und die Ästhetik des 18 Jh.* Bd. 13. Bern. 1999. S. 428
[124] Ebd.S. 429
[125] Moritz, Karl Philipp: *Götterlehre oder Mythologische Dichtungen der Alten.* Leipzig. 1984. S.27
[126] Costazza, Alessandro: *Genie und tragische Kunst - Karl Philipp Moritz und die Ästhetik des 18 Jh.* Bd. 13. Bern. 1999. S.429
[127] Ebd. S.429

Götterhimmel für Moritz das unerreichbare Beispiel einer schöpferischen Bewältigung der Gegensätze des menschlichen Bestehens.[128] So wollte Moritz mit der *Götterlehre* aufzeigen, dass der Mythos, die Sprache der Phantasie, als bildende Kraft in der Welt im menschlichen Leben wirkungsvoll ist. Für ihn stellte die antike Mythologie eine Religion der Phantasie und nicht des Verstandes dar. Gleichzeitig bezeichnete Moritz Dichtung als etwas Göttliches und behandelte die alten Dichtungen mit Geist und Kunstgefühl. In seiner *Götterlehre* wird durch die Taten der Götter und die Formen ihrer Verehrung sowie durch die bildlichen Darstellungen erkennbar, dass Moritz sich auf die Quellen der klassischen Literatur, beispielsweise auf Homer und Ovid bezieht. Historische, allegorische, unterweisende, konfessionell-religiöse sowie moralische Ansprüche an die Kunst lehnte er ab. Ein Hauptanliegen war für Moritz die Erzeugung einer autonomen Symbolik, in der die Bedeutung, die dem Bild zugrunde liegt, aus sich selbst heraus erfassbar wird. Somit grenzte er sich von seinen Zeitgenossen Winckelmann ab, da dieser das Kunstwerk nicht als Ganzes, sondern in seinen Einzelteilen betrachtete und damit zerlegte. Hingegen wird in der *Götterlehre* die Schönheit in ihrer Ganzheit dargestellt, so wie die Schönheit in allen seinen Teilen ganz existent ist. Moritz betrachtete die Mythologie als etwas vollendetes Ganzes, sowohl in den einzelnen Figuren und Geschichten wie in ihrer Gesamtheit. Die antike Mythologie sah Moritz als Wirkung der Bildungskraft, da sie sich als großes harmonisches Gesamtbild zeigt. Er betonte in allen Göttergestalten seiner Mythologie die Vereinigung des ganz Entgegengesetzten als schöpferische Leistung der Phantasie. Das ist der Leitfaden, der sich durch die gesamte *Götterlehre* zieht. Beispielsweise drücken Minerva, Apollo und Diana darum die höchsten Bildungen der mythologischen Dichtung aus, weil sie dieses Prinzip in der Schönheit ihrer Erscheinung am anschaulichsten verkörpern. Somit kann zusammenfassend gesagt werden, dass das Antike-Bild der frühen Romantik entscheidend von Moritz mitgeprägt wurde. „Die Betonung des ästhetisch-kreativen Charakters des antiken Lebens, die Interpretationen der antiken Religion und Mythologie als Formkräfte der Bildung und Phantasie mit der Tendenz zum Schönen finden im Programm der romantischen Ästhetik Aufnahme."[129] Es besteht ein enger Zusammenhang mit der Bestimmung des Künstlers in seiner Zeit und dem ästhetischen Autonomiegedanken.

---

[128] Schrimpf, Hans, Joachim: *Die Sprache der Phantasie. Karl Philipp Moritz' Götterlehre.* In: Singer, Herbert und Benno von Wiese. (Hrsg.): *Festschrift für Richard Alewyn.* Köln. 1967. S. 171.
[129] Hubert, Ulrich: *Karl Philipp Moritz und die Anfänge der Romantik. Tieck-Wackenroder-Jean Paul-Friedrich und August Schlegel.* Frankfurt am Main. 1971. S. 213.

Dieser entwickelte sich für Moritz aus der Phantasie und hinsichtlich der dadurch entstehenden Bildungskraft ist er Mittelpunkt der Poesie. Durch die Einführung des Theodizeegedankens wurden charakteristische ästhetische Argumentationen erklärt, wodurch eine enge Verknüpfung von Ästhetik und Theodizee erkennbar wird. Mit den zusammenhängenden Ideen von Gott als Künstler und von der Welt als Kunstwerk konnte das Übel in der Welt aufgezeigt werden. Dadurch wurde die Schönheit des Kunstwerkes nicht zerstört, sondern eine höchste Vollkommenheit bewirkt, die das Vergnügen an der Kunst noch verstärkt hat. Moritz hatte erkannt, dass die Theodizee für die Menschen von fundamentaler Bedeutung war, weil dadurch dem Leiden einen Sinn und der Welt eine Rationalität gegeben wurde.

Die in der Aufklärungszeit entwickelte und von den Frühromantikern weitergebildete Auffassung von dem Verhältnis zwischen Mythos und Poesie, antiker Mythologie und moderner Autonomieästhetik, ist in der nachromantischen Zeit nicht verloren gegangen, sondern hat im wissenschaftlichen Diskurs bis ins 20.Jahrhundert weitergewirkt.[130]

---

[130] Simonis, Annette: Die "neue Mythologie" der Aufklärung: Karl Philipp Moritz' Mythenpoetik im diskursgeschichtlichen Kontext / Annette Simonis. - In: Jahrbuch der Deutschen Schillergesellschaft 45. Stuttgart. 2001. S. 129.

Bibliographie

1. Primärliteratur

Hederich, Benjamin: *Gründliches mythologisches Lexikon.* Leipzig 1770.

Moritz, Karl Philipp: *Götterlehre oder Mythologische Dichtungen der Alten.* Leipzig. 1984.

Moritz, Karl Philipp: *Aufsätze zur Theorie der Kunst „Über die bildende Nachahmung des Schönen – Die Signatur des Schönen. Inwiefern Kunstwerke beschrieben werden können?* In: Günther, Horst. (Hrsg.) Moritz, Karl Philipp: Werke Band 2.: *Reisen, Schriften zur Kunst und Mythologie.* Frankfurt am Main. 1981. S. 579-589.

Moritz, Karl Philipp: *Schriften zur Ästhetik und Poetik.* Schrimpf, Hans, Jochen. (Hrsg.) Tübingen 1962.

Ovid: *Metamorphosen.* Stuttgart. 1988.

Schiller, Friedrich: *Götter Griechenlandes.* In: Schillers Werke. Bd.1. Weimar. 1788. S.190-195.

Weiher, Anton. (Hrsg.): *Homerische Hymnen.* München. 5. Aufl. 1968.

Wieland, Christoph Martin. (Hrsg.): *Der Teutsche Merkur.* Weimar. 1789.

Winckelmann, Johann Joachim: *Kleine Schriften und Briefe.* Weimar. 1960.

2. Sekundärliteratur

Becker, Jochen: *„Trösterin Hoffnung“: Zu Moritz' Götterlehre.* In: Fontius Martin, Klingenberg Anneliese. (Hrsg.): *Karl Philipp Moritz und das 18. Jahrhundert.* Bestandsaufnahmen – Korrekturen – Neuansätze: internationale Fachtagung von 23.-26. September in Berlin. Tübingen. 1995. S. 239-247.

Costazza, Alessandro: *Genie und tragische Kunst - Karl Philipp Moritz und die Ästhetik des 18 Jh.* Bd. 13. Bern. 1999.

Dahnke, Hans-Dietrich: Die Debatte um „Die Götter Griechenlands". In: Dahnke, Hans-Dietrich und Bernd Leistner. (Hrsg.): *Debatten und Kontroversen. Literarische Auseinandersetzung in Deutschland am Ende des 18. Jahrhunderts.* Bd.1. Berlin und Weimar. 1989. S.193-258.

Ennen, Jörg: *Götter im poetischen Gebrauch – Studien zu Begriff und Praxis der antiken Mythologie um 1800 und im Werk H.v. Kleists.* Ribbat, Ernst. Köhn, Lothar. (Hrsg.): *Text und Bild – Münstersche Studien zur neueren Literatur.*1998

Gockel, Heinz: *Mythos und Poesie : zum Mythosbegriff in Aufklärung und Frühromantik.* Frankfurt am Main. 1981.

Haupt, Wilhelm: *Nachwort.* In: Moritz, Karl Philipp: *Götterlehre oder Mythologische Dichtungen der Alten.* Leipzig. 1984.

Hubert, Ulrich: Karl Philipp Moritz und die Anfänge der Romantik. Tieck-Wackenroder-Jean Paul-Friedrich und August Schlegel. Frankfurt am Main. 1971.

Körner, Christian Gottfried: *Ästhetische Ansichten-Ausgewählte Aufsätze.* Bauke, Joseph P. (Hrgs.) Stuttgart. 1964.

Schrimpf, Hans, Joachim: *Die Sprache der Phantasie. Karl Philipp Moritz'Götterlehre.* In: Singer, Herbert und Benno von Wiese. (Hrsg.): *Festschrift für Richard Alewyn.* Köln. 1967. S. 165-192.

Simonis, Annette: *Die "neue Mythologie" der Aufklärung*: Karl Philipp Moritz' Mythenpoetik im diskursgeschichtlichen Kontext / Annette Simonis. - In: Jahrbuch der Deutschen Schillergesellschaft 45. Stuttgart. 2001. S. 97-130.